DÉNONCIATION

CONTRE

M. LE COMTE DE PEYRONNET,

ANCIEN MINISTRE DE LA JUSTICE,

POUR

DÉTENTION PROLONGÉE PENDANT VINGT-UN MOIS, PAR SUITE DE RÉTENTION FRAUDULEUSE ET DE MAUVAISE FOI DE PIÈCES A LUI ADRESSÉES PAR LES HOMMES DE COULEUR DE LA MARTINIQUE, POUR ÊTRE TRANSMISES A LA COUR DE CASSATION.

PARIS.—1828.

A LA CHAMBRE DES DÉPUTÉS.

Messieurs,

Un ministre de la justice qui, au lieu de provoquer les magistrats retardataires dans l'administration de la justice criminelle, vient s'interposer entre eux et des malheureux placés sous le glaive de la loi; qui, pendant près de deux ans, malgré des réclamations énergiques, retient leurs pièces, quand la loi lui impose l'obligation de les transmettre à la Cour de cassation dans les vingt-quatre heures de leur réception; qui ne cède qu'à la menace d'une dénonciation aux Chambres; qui par cette coupable résistance a fait gémir vingt-un mois dans les prisons des innocens, ne leur a permis d'obtenir qu'une justice incomplète et tardive; qui les a entraînés dans d'effroyables dépenses, et les a fait long-temps désespérer de la justice de la métropole, ce ministre-là doit-il rester impuni? ne doit-il aucune réparation pour avoir imposé ses volontés tyranniques et arbitraires?

Le ministre dont nous nous plaignons est M. le comte de Peyronnet, ex-garde-des-sceaux de France; voici les faits que nous lui reprochons.

Le 10 mai 1824, notre défenseur a adressé au ministère de la justice, 1º notre requête en cassation contre l'arrêt de la Cour royale de la

4

Martinique, du 12 janvier, qui nous avait flétris
et condamnés aux galères à perpetuité dans un
procès tout politique ; ladite requête, en date
du 20 avril, à bord du Tarn, en rade de Brest.
2° Un imprimé de l'arrêt de condamnation avec
observation que toutes les pièces de la procédure avaient été demandées au ministère de la
marine.

Notre défenseur terminait cette requête en
invoquant l'urgence, et la crainte que la condamnation ne fût mise à exécution par notre
translation au bagne.

En même temps il requérait le renvoi à la
Cour de cassation, dans les vingt-quatre heures,
desdites pièces, conformément à la loi, et un
accusé de réception pour sa décharge. Cet accusé de réception ne lui a été donné que le 17
janvier 1826, ainsi qu'on le verra ci-après. Cette
requête a été enregistrée au ministère de la justice, sous le n° 4481.

Pourquoi, dira-t-on, ne pas s'adresser directement à la Cour de cassation, ainsi que nous l'a
reproché un noble pair, rapporteur de la
commission des pétitions (M. le comte Cornet,
le 6 mai 1826) ? La réponse est, que selon un
arrêt rendu par cette Cour, le 3 octobre 1822,
dans l'affaire du lieutenant-colonel Caron, mis
à mort par ordre télégraphique le 1er, il a été
décidé que les requêtes ne pouvaient être *directement* adressées à la Cour , nonobstant le texte
en apparence formel de l'art. 424 du Code d'in-
struction criminelle.

On va voir tout ce qu'il a fallu pour s'affranchir des formes établies plutôt par l'usage que par la loi.

Notre défenseur s'étant assuré que M. le comte de Peyronnet n'avait pas, dans les vingt-quatre heures, adressé à la Cour de cassation les pièces dont il s'agit, et connaissant toute la persévérance de ce ministre dans la voie du mal, lorsqu'une fois il s'y était engagé, lui adressa le 12 mai une nouvelle requête, enregistrée sous le même numéro, dans laquelle il démontrait par l'exemple du pourvoi d'un ancien magistrat condamné pour corruption, aux colonies, M. Bascher de Boisgely, contre un arrêt de la justice criminelle de la Guadeloupe, lequel pourvoi avait été admis par deux arrêts de la Cour de cassation, l'un du 27 octobre 1814, et l'autre du 10 décembre 1818, qu'un tel recours était recevable : que l'intervention du ministère de la marine, dans la transmission des pièces, n'était que de forme et ne donnait pas au ministre le droit de préjuger la recevabilité du pourvoi.

Cette deuxième requête est restée sans effet comme la première. Contre l'usage *inviolablement* observé à la Chancellerie, il n'en fut pas même accusé réception à notre défenseur. Les pièces ne furent pas transmises à la Cour de cassation. M. de Peyronnet s'est permis de se déclarer notre juge, et si le ministre de la marine n'avait eu plus d'humanité, nous serions quoiqu'innocens, entrés au bagne, en attendant que les obstacles, que *seul* il opposait à l'admission de notre requête, fussent levés.

A la Chambre des Pairs, le 6 mai 1826, M. le comte Cornet a dit que M. le comte de Peyronnet avait adressé le 14 de ce mois les pièces et les requêtes au ministre de la marine (marquis de Clermont-Tonnerre), et qu'il avait dû le faire, parce que ce ministre est à l'égard des affaires judiciaires des colonies, le ministre de la justice, et que notre défenseur avait eu tort de ne pas saisir directement ce ministre.

M. le comte Cornet, ainsi qu'il l'a écrit, a été trompé, ainsi que la commission, par un mémoire mensonger, adressé par M. de Peyronnet en 1826 pour le justifier : on nous a refusé communication de ce mémoire.

D'ailleurs, en *fait*, jamais reproche ne fut plus mal adressé. Mᵉ Isambert avait commencé ses diligences par le ministre de la marine; le 9 mai 1824, il lui avait adressé les mêmes réquisitions qu'à M. le garde des sceaux de France[1]. De plus, les pièces de l'affaire Rollande, jugée le 11 juin 1825, ont été transmises à la Cour de cassation, non par le ministre de la marine, mais par celui de la justice.

En droit, la demande adressée à ce dernier était la seule voie indiquée par la loi elle-même;

____

(1) Voy. l'accusé de réception de cette requête par le successeur de M. le marquis de Clermont-Tonnerre, ci-joint sous le n° 1ᵉʳ.

si le ministre de la justice voulait en communi-
quer au ministre de la marine, il devait en
prévenir notre défenseur, ce qu'il n'a pas fait.
Nous tirons de ce silence la preuve de sa mauvaise volonté et de sa prévarication.

Au reste, le fait est démenti par le ministre
de la marine, M. le comte de Chabrol, qui, dans
une lettre du 24 février 1826, affirme que l'ex-
pédition de l'arrêt de condamnation est la *seule*
pièce qu'il ait reçue (non de nous, mais de la
Martinique), et que son département l'avait
transmise à M. le garde des sceaux.

M. de Peyronnet a prétendu plus tard rejeter
sur son collègue la responsabilité de la rétention des pièces; mais la correspondance de ce
ministre lui donne un démenti. Par une lettre
confirmative de la précédente, et datée du 8
août 1826, M. le comte de Chabrol, en accu-
sant réception de notre requête du 9 mai 1824,
affirme, contre l'assertion de M. de Peyronnet,
que son département n'avait pas reçu nos requêtes des 10 et 12 mai 1824.

Cependant, Mᵉ Isambert ayant, d'accord avec
nous, délaissé à Mᵉ Chauveau-Lagarde, à partir
du 25 mai 1824, la direction de cette affaire,
pour se livrer exclusivement à la défense de
nos compagnons d'infortune déportés par me-
sure administrative, Mᵉ Chauveau-Lagarde s'oc-
cupa de la rédaction d'une requête qu'il fit im-
primer et qu'il présenta lui-même au greffe de la
Cour de cassation à la fin de juin 1824.

Cette requête ne fut pas reçue : M. Ollivier, président *par intérim*, ayant allégué que la Cour ne pouvait être saisie, que par le renvoi du ministre de la justice.

Peut-être M. Ollivier connaissait-il l'intention où était le ministre de ne pas transmettre nos pièces à la Cour de cassation, et de considérer notre pourvoi comme non avenu. Nous voyons par le rapport de M. le comte Cornet, qui a eu la correspondance ministérielle sous les yeux que quelques jours avant le refus fait à M. Chauveau-Lagarde de recevoir notre requête (le 23 juin 1824), M. le garde des sceaux avait donné un avis contraire à l'opinion, adoptée depuis par la Cour de cassation, sur la recevabilité de notre pourvoi.

Ce rapport constate que M. de Peyronnet a gardé nos pièces ; mais quel que fût son avis, il n'était pas notre juge ; il devait transmettre nos pièces à la Cour suprême ; la loi le lui commandait.

Veut-on une preuve matérielle de l'insigne mauvaise foi de ce ministre ?

Le 3 juillet 1824, le *Constitutionnel* annonce que Bissette, Fabien et Volny ont adressé au garde des sceaux de France les pièces de leur pourvoi, et qu'elles n'avaient pas été transmises à la Cour de cassation.

L'*Étoile* et le *Moniteur*, ont publié une dénégation ayant un caractère officiel. Le *Constitutionnel* a répondu, le 8, que si les pièces n'avaient pas été transmises par le magistrat chargé du ministère public, à la Martinique, chose qui n'avait pas été dite, elles l'avaient été au ministère de la justice, par les amis, les parens ou les conseils des parties, et qu'il n'appartenait qu'à la Cour de cassation de prononcer sur la validité du pourvoi.

L'*Étoile* répondit le soir même à cette affirmation dans les termes suivans :

« Les pièces de ce procès n'ont été adressées « à ce ministre (le garde des sceaux), ni *par* « *les magistrats, ni par les condamnés, ni par* « *leurs conseils* [1]. »

Et cependant le ministre auquel ce journal servait d'organe, par une lettre officielle du 17 janvier 1826, a accusé réception à Me Isambert d'une requête en *cassation*, par lui présentée en notre nom, le 10 mai 1824.

Ainsi M. le comte de Peyronnet osait nier à la face de la France entière, le fait de la rétention de nos pièces.

Nous eussions éclaté alors, et couvert d'infamie l'auteur d'une telle dénégation. Mais M. Chauveau-Lagarde, notre défenseur, crut que dans la circonstance un éclat nous perdrait. On doit nous pardonner la faiblesse que nous eûmes alors de ne pas écrire au *Constitutionnel* pour faire connaître la vérité. Si notre pourvoi

---

(1) Nous regrettons de ne point produire ces deux journaux à la chambre, mais elle les possède dans ses archives; et la commission peut s'assurer de l'exactitude de l'observation.

était rejeté, notre sort était dans les mains du ministre qui pouvait faire échouer un recours en grace ou en révision. Nous étions condamnés aux galères perpétuelles!

Nous préférâmes garder le silence, croyant qu'il nous en saurait gré.

Le 15 juillet, la Cour de cassation eut l'occasion de statuer sur la question de recevabilité du pourvoi, dans l'affaire du sieur Darrac; elle reconnut qu'en matière de grand criminel, le pourvoi était admissible, d'après l'art. 6, titre IV, du réglement de 1738.

M. de Peyronnet, auquel cet arrêt fut transmis, ne tint compte de cet avertissement et persista à retenir nos pièces.

M. Chauveau-Lagarde tenta alors quelques démarches auprès de la Chancellerie. Elles furent sans succès. Il nous écrivait, sous la date du 25 mars 1825, qu'il avait vu les ministres et que les ministres avaient permis de donner suite au pourvoi, mais on le trompait. Lors de l'arrêt rendu par la Cour, le 27 janvier 1826, les démarches même furent niées par l'organe du ministère public.

Cependant l'année qui est accordée par la loi aux habitans des colonies, pour se pourvoir en cassation, était expirée.

M. Chauveau-Lagarde, repoussé par le ministère de la justice, s'adressa au ministère de la marine, qui, le 18 avril 1825, lui déclara officiellement que le pourvoi n'était pas recevable.

Ainsi, par le machiavélisme du ministère, trois infortunés allaient subir la peine des galères perpétuelles, dont ils ont été relevés plus tard par des arrêts de justice.

Me Isambert, chargé par un sieur Rollande, pharmacien de la Martinique, de poursuivre la cassation d'un arrêt qui le condamnait au blâme en la voie criminelle, et à une sorte de dégradation civique, avait obtenu que la Cour en fût saisie. Sa demande avait été adressée, le 21 juillet 1824, à M. le comte de Peyronnet, qui, n'attachant aucun intérêt politique à cette affaire, lui avait laissé suivre son cours. Les pièces avaient été transmises à la Cour de cassation, le 20 avril 1825, avec la procédure venue des colonies, suivant la lettre ci-jointe du greffier de la Cour de cassation, et cette cour a prononcé le 11 juin 1825, en déclarant le pourvoi recevable en la forme.

Me Isambert nous prévint de cette circonstance, et nous en écrivîmes nous-mêmes à M. Chauveau-Lagarde, qui ne put vaincre la résistance que lui opposait M. de Peyronnet.

Nous nous adressâmes enfin de nouveau à Me Isambert, le 21 décembre, et le priâmes de joindre ses efforts à ceux de son confrère. Le 27 décembre, il écrivit à M. le comte de Peyronnet une lettre, dans laquelle après avoir rappelé la transmission des deux requêtes des

10 et 12 mai 1824, il demandait la remise de ces pièces, dans le but de remplir auprès de la Chambre des Pairs, à l'ouverture de la session, le mandat *nouveau* qui *venait de lui être donné.*

M. de Peyronnet ne voulut pas s'en dessaisir, mais pour détourner la pétition, il les transmit à la Cour de cassation le 17 janvier 1826.

Il les aurait conservées et supprimées, si M. Portalis, nouvellement nommé à la présidence de la Chambre criminelle, n'eût pris alors l'initiative, jusque-là déniée à la Cour de cassation. Ce magistrat avait reçu le 14 nos requêtes en cassation, et avait annoncé à nos défenseurs la nomination d'un rapporteur.

M. de Peyronnet en eut connaissance; il craignit la publicité des plaintes que nos défenseurs allaient faire de son arbitraire. Il espérait en même temps étouffer la pétition à la Chambre des Pairs.

Le 27 janvier 1826, la Cour de cassation a prononcé sur notre pourvoi. Le ministère public le soutint non recevable, parce que l'année du recours était expirée.

Nous n'échappâmes à cette fin de non recevoir, que parce que la Cour reconnut que les pièces avaient été retenues par un fait qui nous était étranger, et elle ordonna l'apport des pièces de la procédure.

Le 29 juillet, cette Cour rendit un second arrêt pour faire vérifier si la loi pénale qui nous était appliquée, avait été promulguée à la Martinique.

Le 30 septembre, elle a cassé l'arrêt de notre condamnation, et nous a renvoyés devant la Cour de la Guadeloupe.

Le 28 mars 1827, cette cour, malgré les préjugés de sa position, a mis Fabien et Volny hors de cause, et elle a condamné Bissette au bannissement seulement des colonies françaises, et ordonné notre mise en liberté à tous.

Il résulte de cet exposé fidèle et appuyé de pièces authentiques, que nos pièces ont été retenues par M. le comte de Peyronnet, contre la disposition expresse des lois et contre les demandes qui lui ont été adressées depuis le 10 mai 1824 jusqu'au 17 janvier 1826;

Que M. de Peyronnet a agi de mauvaise foi, et dans l'intention d'étouffer notre pourvoi, ce que prouveraient d'ailleurs les dénégations de son journal, et les efforts qu'il a faits pour rejeter sur le ministère de la marine la responsabilité de ses actes.

Y a-t-il un acte plus blâmable pour un ministre de la justice que de s'interposer entre l'innocent et la justice qui doit prononcer !

N'est-ce pas là trahir le premier de ses devoirs, trahir le mandat que le Roi lui a confié?

Si la Chambre ne pense pas que ce soit un cas de responsabilité générale, que c'en soit au moins un de responsabilité pécuniaire.

En 1545, le chancelier Poyet, fut mis en jugement pour *fautes , abus et malversations* commises dans son office, notamment pour avoir arrêté l'exécution d'un jugement; et, pour avoir usurpé la connaissance de plusieurs affaires déférées au grand conseil, et enfin pour avoir fait détenir arbitrairement un nommé Simon Lebailly. Le parlement de Paris. par son arrêt du 24 avril, rendu par trente-quatre magistrats, le condamna à la dégradation civique, à cent mille livres d'amende, à quatre cents livres parisis de provision en faveur, de la veuve et des enfans dudit Lebailly, sauf aux parties à poursuivre en ladite Cour, leurs droits et actions contre ledit Poyet et ses complices, et a ordonné que ces dites parties se pourraient aider des pièces du procès (*Recueil des anciennes lois françaises*, tome XII, p. 888—892).

Nous avons été privés de notre liberté pendant un an huit mois quatre jours, ou six cent neuf jours, par le fait de M. le comte de Peyronnet.

L'art. 117 du Code pénal estime au *minimum* de 25 francs par jour, et pour chacun de nous, l'indemnité de la détention.

Nous ne sommes pas de la dernière classe, nous avons des établissemens à la Martinique, nous sommes pères d'une assez nombreuse famille ; nous avons droit par conséquent, au moins à une indemnité double.

Nous demandons s'il nous est permis de poursuivre M. le comte de Peyronnet par la voie civile ; ou, si la Chambre pense qu'un ministre ne peut être poursuivi devant les tribunaux même pour une prévarication privée, qu'elle daigne nous renvoyer, ainsi que M. le comte de Peyronnet, devant la Chambre des Pairs, pour y faire statuer sur la dénonciation en forfaiture que nous portons contre lui.

Production.

1° Accusé de réception, du ministre de la marine, de la requête du 9 mai 1824 (8 août 1826);

2° Lettre d'envoi de nos pièces, au ministre de la justice, du 10 mai 1824;

3° Requête du 12 mai;

4° Accusé de réception et renvoi des pièces à la Cour de cassation, signé comte de Peyronnet, sous la date du 17 janvier 1826;

5° Lettre du ministre de la marine, du 24 février 1826, qui dément les faits allégués par M. le comte de Peyronnet, et reproduits dans le rapport de M. le comte Cornet, du 6 mai 1826;

6° Rapport de M. Cornet à la Chambre des Pairs.

7° Lettre de M. le comte Cornet, du 19 mai 1826, attestant que les faits par lui exposés dans son rapport sont extraits d'un mémoire déposé à la Chambre des Pairs par le ministre de la justice ;

8º Arrêt de la Cour de cassation du 27 janvier 1826 sur l'admission du pourvoi.

9º Lettre du greffier de la Cour de cassation, attestant que le pourvoi du sieur Rollande était reçu à la Cour de cassation, en 1825.

Paris, ce 25 janvier 1828.

DISSETTE ET FABIEN FILS.

IMPRIMERIE DE E. DUVERGER,
RUE DE VERNEUIL, N. 4